AF645926

合氣道

Aikido-Fibel

Die Grundschule des Aikido

von

Eugen Hölzel

unter Mitarbeit von

Irmgard Hölzel-Winter

mit 72 Fotografien von

Bernd Duske

14. Auflage
2015

VERLAG WEINMANN - BERLIN

Bibliografische Information Der Deutschen Bibliothek
Die Deutsche Bibliothek verzeichnet diese Publikation in der Deutschen Nationalbibliografie; detaillierte bibliografische Daten sind im Internet über http://dnb.ddb.de abrufbar.

Druck: Druckerei Conrad GmbH

Inhaltsverzeichnis

Die Titelzeichnung
und eine weitere Abbildung im Text
wurden von M. Kwiat angefertigt.

Einleitung

Siege - Rekorde - Sensationen!
Ist das wirklich letzter Sinn und Zweck sportlicher Betätigung? Die Überschriften im Sportteil der Zeitungen möchten es uns beinahe glauben lassen.
Aiki-Do bietet keine Sensationen, man erringt keine Siege und bricht auch keine Rekorde. Diese zugleich reizvolle und ernsthafte Form sportlicher Betätigung will in der Stille betrieben und erlebt werden.
Aiki-Do ist eine Selbstverteidigung, die den Gegner sanft und ohne ihm zu schaden außer Gefecht setzt und vorzüglich anwendbar ist, um tobende Angreifer zu „beruhigen".
Aiki-Do ist eine Bewegungsform, die den Ausübenden geschmeidig macht und ihm Freude bringt, die ihm hilft, Verkrampfungen seiner Muskulatur (und vielleicht auch seiner Psyche) zu lösen, die ihn elastisch und in Form hält.
Aiki-Do ist auch für ältere Menschen und für Frauen geeignet: in Japan z. B. treiben heute viele ältere Judoka Aiki-Do.
Aiki-Do ist eine typisch asiatische Sportart, verbunden mit alter Kultur und Lebensanschauung.
Aiki-Do ist vielleicht genau die Sportart, die Sie schon lange suchen, ein Sport, der den ganzen Körper trainiert, ihn aber nicht überfordert.
Aiki-Do ist heute fast auf der ganzen Welt verbreitet, und auch in Deutschland findet diese neue Selbstverteidigung viel Interesse. War es bis 1948 nur eine verhältnismäßig kleine Anzahl der nach Millionen zählenden Judokämpfer, die Kenntnis vom Aiki-Do hatten, so gewinnt diese Bewegung jetzt ständig neue Freunde.
Die Aiki-Do-Fibel erhebt keinen Anspruch, das Gebiet des Aiki-Do umfassend zu beschreiben, sondern stellt lediglich eine Einweisung für den Anfänger dar und soll helfen, dem Laien eine Vorstellung davon zu geben, was Aiki-Do ist.
In den außerjapanischen Ländern gibt es heute eine große Schar von begeisterten Aiki-Do-Anhängern, die sich in Vorführungen und auf Einführungskursen - unterstützt durch Werbung in Schrift und Bild - in den Dienst der Sache stellen.
Aiki-Do bedeutet Lebensweg in Koordination mit „Ki". „Ki" heißt in seiner Grundbedeutung ‚atmen' oder ‚lebenserhaltende Kraft' und bezeichnet eine besondere, dem Aiki-Do eigene, Form von Kampfkraft.
Man hört in japanischen Aiki-Do Dojos oft Ermahnungen wie „Wende dein Ki an!" oder „Halte das Ausströmen deines Ki nicht auf!".

Japanische Aiki-Do-Meister lehren den Schüler, sich auf ein imaginäres Kraftzentrum, das sich am selben Ort wie der physikalische menschliche Schwerpunkt (kurz unterhalb des Bauchnabels) befindet, zu konzentrieren.
Es besteht kein Zweifel, dass es bei den Aiki-Do-Techniken darauf ankommt, die eigene Balance unter allen Umständen zu erhalten, physikalisch ausgedrückt, man muss darauf achten, dass sich der eigene Schwerpunkt nicht über die von den Füßen begrenzte Grundfläche hinausbewegt.
Ob man es nun bei dieser, physikalischen Deutung des Ki' belassen will oder darunter einen nur der Meditation zugänglichen Begriff versteht, feststeht, dass japanische Meister durch Aiki-Do eine Standsicherheit und ein Bewegungsgefühl erworben haben, die, wie Japanfahrer übereinstimmend berichten, ans Wunderbare grenzen. Z. B.: Ein Meister setzt sich im Konzentrationssitz auf die Matte; ein oder mehrere Schüler stellen sich nun vor dem Meister auf, legen beide Hände gegen seine Schultern und versuchen, den Meister nach hinten umzuwerfen. Es gelingt nicht. Der Meister sitzt wie angeschweißt auf der Matte. Plötzlich eine Körperdrehung des Meisters und die Schiebenden stoßen ins Leere und fallen zu Boden.
Aiki-Do, frei übersetzt: „die eigenen Bewegungen mit denen des Gegners in Einklang bringen", besteht aus vielen tausend Bewegungen, aber schon wenige Grundbewegungen, die beliebig variiert werden können, ermöglichen dem Aiki-Do-Sportler eine wirkungsvolle Abwehr. Für die Wirksamkeit dieser Methode mag die Tatsache sprechen, dass im letzten Krieg die japanische Militärpolizei in dieser neuen Selbstverteidigungsdisziplin ausgebildet wurde.
Über die Herkunft des Aiki-Do sei dem interessierten Leser folgendes mitgeteilt: **Aiki-Do** ist eine der vielen japanischen Selbstverteidigungskünste, die ihre Blüte und hohe Kultur nicht zuletzt dem Umstand verdanken, dass einem japanischen Adeligen (Samurai) und seiner ganzen Familie durch kaiserliches Urteil das Waffentragen für eine bestimmte Zeit verboten wurde. Außerdem weiß die Sage von einem japanischen Weisen zu berichten, der bei einem heftigen Sturm aus dem Fenster blickte und sah, wie die Zweige der Weide der Kraft des Windes nachgaben und unversehrt blieben, während die starren, dem Wind trotzenden Zweige des Kirschbaums zersplitterten. Diese Erscheinung soll ihn dazu bewogen haben, ein Selbstverteidigungssystem zu entwickeln, das auf der Anpassung an die Kraft des Gegners beruht. In Japan entwickelten sich im Laufe der Zeit zahlreiche Systeme dieser Art, die sich grob in zwei Gruppen einteilen lassen: **die reinen Verteidigungskünste**, deren oberstes Ziel ein möglichst wirksamer Selbstschutz ist, und die **sportlichen Formen** des Zweikampfes, in denen beide Partner zugleich Angreifer und Verteidiger sind, die jedoch bestimmte Regeln der Rücksicht und Fairness beachten müssen.

Judo ist z. B. ein sportlicher Wettkampf, bei dem auch Meistertitel zu erwerben sind, und zugleich eine Selbstverteidigung, die aber im Ernstfall auch dazu dienen kann, den Gegner zu verletzen.
Aiki-Do hingegen ist eine Selbstverteidigung, bei der sämtliche körperschädigenden Bewegungen ausgeschaltet sind.
Der japanische Aiki-Do-Meister Uyeshiba hat nach der Methode des Nachgebens alle nur denkbaren Angriffe mit der Hand (Faust), mit Stock, Keule, Messer, Schwert und Speer untersucht und dafür Aiki-Do-Abwehrbewegungen entwickelt.
Da auch unsere Zeit ständig neue Angriffsformen entdeckt, werden diese überprüft und in das Aiki-Do-Programm übernommen.
Wie sehr Aiki-Do und Judo ihrer Natur nach verwandt sind, erkennt man daran, dass bekannte Aiki-Do-Meister, die fast immer auch Inhaber höherer Judo-Dangrade sind, viele Aiki-Do-Bewegungen - unter Beachtung der Judo-Regeln - wirkungsvoll in ihre Kampftechnik eingebaut haben.
Aiki-Do, aufgeteilt nach Würfen und Festhaltebewegungen, verbunden mit angedeuteten Stößen und Schlägen (Atemi), ähnelt der Kime-no-kata im Judo; in seinen Grundzügen (etwa der Trennung: Angreifer - Verteidiger) ist es jedoch mehr dem japanischen Schwertfechten (Kendo) verwandt.
Aiki-Do wird als Kata (Übungsform) betrieben und kann **nicht** als Kampfsport ausgeübt werden.

Fallübungen

Durch eine sichere Beherrschung der für das Aiki-Do notwendigen Fallübungen bannen wir die Verletzungsgefahr für Anfänger und geben dem Aiki-Do-Übenden eine überlegene Sicherheit. Für die Übungen unserer Aiki-Do-Fibel benötigen wir drei Fallübungen:

a) Rolle vorwärts
b) Rolle rückwärts
c) Rolle rückwärts mit Partner

a) Rolle vorwärts

Zur Erlernung der Rolle nach vorn ist folgende Vorübung zu empfehlen:
Bei einem Linksvorwärtsschritt erfassen wir mit beiden Händen unser linkes Fußgelenk (Daumen nach oben) (Bild 1) und verlegen unser Gewicht auf diesen Fuß. Aus dieser Stellung legen wir unseren Kopf auf die rechte Schulter, damit unserer linke Schulter frei wird, drücken das Kinn etwas nach unten und rollen jetzt nach vorn über linke Schulter, Rücken usw., wobei wir unseren Fuß immer

noch festhalten, um unsere Ausgangsstellung wieder zu erreichen (Bilder 2 und 3).

Bild 1 – 3

Beherrschen wir diese Vorübung, haben wir die häufigste Fehlerquelle – die falsche Kopfhaltung – ausgeschaltet und beginnen jetzt mit der Rolle nach vorn. Nach einem Linksvorwärtsschritt (der Anfänger kann dabei rechts niederknien) legen wir unsere rechte Hand mit den Fingerspitzen nach vorn zeigend auf die Matte. Die Hand liegt auf gleicher Höhe mit dem linken Fuß; während unsere linke Hand nach innen gedreht wird (dabei krümmt sich unser linker Arm) und mit den Fingerspitzen rückwärts zeigend zwischen linkem Fuß und rechter Hand über die Matte gleitet. Der Fall erfolgt über unsere linke Schulter und den gekrümmten linken Arm in einer rollenden Bewegung. Anschließend stemmen wir unseren rechten Unterschenkel auf die Matte, damit wir den Stand wieder erreichen (Bilder 4- 6). Die Fallübung wird links und rechts geübt.

Bild 4 – 6

b) Rolle rückwärts

Aus einer Hockstellung (Bild 7) rollen wir über unseren Rücken und das rechte Schulterblatt (den Kopf haben wir auf unsere linke Schulter gelegt) in die Knielage. Bei diesem Rückwärtsrollen ziehen wir unsere Knie fast bis zum Kinn an. Unsere auf der Matte ausgestreckten Arme steuern diese Bewegung (Bilder 8 und 9).

Bild 7 – 9

Die Rolle soll über die linke und auch über die rechte Schulter ausgeführt werden.

c) Rolle rückwärts mit Partner

Der Partner hält mit seiner rechten Hand (unsere Fingerspitzen zeigen nach oben) locker unser rechtes Handgelenk und geht mit kleinen Schritten rückwärts und dabei etwas in die Hocke. Er lässt sich dann über seine linke Schulter abrollen (Bilder 10 und 11). Man folgt dieser Rollbewegung, bis der Fallende anschließend wieder den Stand erreicht (Bild 12).

Bild 10 – 12

Viele der in der Aiki-Do-Fibel beschriebenen Aiki-Do-Bewegungen enden mit dieser Schlussbewegung. Eine sichere Beherrschung des Rückwärtsrollens mit und ohne Partner ist für flüssige Aiki-Do-Bewegungen unerlässlich, durch die der Angreifer ohne große Mühe des Verteidigers in eine Spiralbewegung gleitet. Alle Aiki-Do-Bewegungen sind rund und geschmeidig!

Vorbereitende Übungen

Ein wichtiger Teil der Anfängerschulung im Aiki-Do sind die vorbereitenden Übungen, die zum Teil auch ohne Partner geübt werden können. Viele dieser Übungen dienen dazu, durch Aiki-Do-Bewegungen besonders beanspruchte Körperteile (z. B. die Handgelenke beim Kote-gaeshi) gelenkiger, geschmeidiger und widerstandsfähiger zu machen.
Die hier erklärten Vorbereitungsübungen stehen alle in engem Zusammenhang mit den Aiki-Do-Techniken des Hauptteils. Fast jede der dort gezeigten Abwehrbewegungen enthält als wichtigen Bestandteil eine oder mehrere Vorbereitungsübungen.

1. Handgelenkübungen

Im Kniesitz ergreifen wir mit unserer rechten Hand die linke Hand in Höhe unserer Fingerwurzeln und halten diese Hand ca. 30 cm vom Körper. Indem wir unseren Ellbogen an unseren Körper ziehen, entsteht die aus Bild 13 ersichtliche Stellung, die bis zum Schmerzpunkt durchgezogen werden kann. Diese wichtige Übung wird links und rechts ausgeführt.

Bild 13

Bild 14

Als weitere Übung fassen die Finger unserer rechten Hand - um den linken Handrücken herum - den Daumenansatz unserer linken Hand. Der rechte Daumen drückt dabei zwischen Ring- und Kleinfinger auf den Handrücken und dreht dadurch das Handgelenk nach links oben, wobei wir als Ausgangspunkt die Hände ca. 30 cm vor dem Körper halten (Bild 14).
Nach diesen beiden Grundübungen (z. B. für Kote-gaeshi) kann man zuerst aus der Knielage die Übungen (siehe Bild 15 und 16) versuchen und dann

Bild 15/16

erst den vollen Liegestütz (Bild 17).

Bild 17

Als Partnerübung schieben wir eine Person mit dem „eingeschlagenen Handgelenk" zurück oder der Partner lehnt sich gegen unser Handgelenk (Bild 18). Wichtig ist bei diesen Übungen, dass unser Arm gestreckt bleibt.

Bild 18

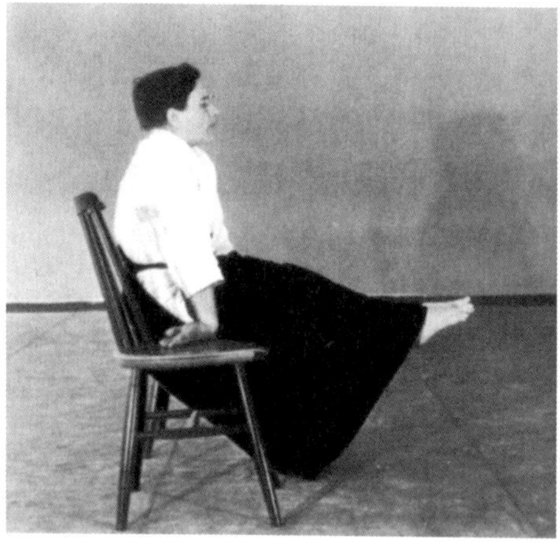

Bild 19

Für Fortgeschrittene ist eine Übung mit zwei Stühlen (Bild 19) zu empfehlen, die noch durch Schaukeln des Körpers gesteigert werden kann.
Diese Handgelenkübungen werden anfangs schmerzhaft sein, und es wird viel Mühe machen, die Endphase zu erreichen. Nach einiger Zeit jedoch empfindet man keinen Schmerz mehr. Diese für alle Aiki-Do-Bewegungen charakteristische Erscheinung zeigt, dass wir es hier mit einer Sportart zu tun haben, die so natürlich ist, dass sich der Körper ihren Erfordernissen schnell anpassen kann. Auf diese Weise wird auch das oberste Gesetz des Aiki-Do erfüllt, dass niemand verletzt werden darf.

2. Vorübungen für Irimi-Nage

a) Eingang (Irimi)

Nach der „toten Seite des Gegners bewegen" bezeichnen die Aiki-Do-Meister als Irimi-Nage. Diese Kunst des Eingangs muss sehr fleißig geübt werden.
Für die Irimi-Nage-Vorübungen lassen wir unseren Partner einen Angriff mit seiner rechten Hand ausführen. Versucht unser Partner, mit dieser Hand unser rechtes Handgelenk zu fassen (Bild 20), so machen wir im Moment des Greifversuches mit dem linken Fuß einen Schritt nach des Partners rechter Seite und führen dabei seine rechte Hand nach unserer rechten Seite (Bild 21). Beide Bewegungen müssen gleichzeitig durchgeführt werden. Der Angriff des Partners muss durch unsere Schritt- und Körperbewegung ins Leere laufen, wobei die Endphase immer unsere Stellung an der „toten Seite" des Angreifers ist.

Bild 20/21

b) Bewegung (Sabaki)

Aus der Stellung des Bildes 22 machen wir eine große Kreisbewegung und schwingen dabei unsere Arme gleichzeitig um unseren Körper, wobei wir in keiner dieser Stellungen unsere Balance verlieren dürfen (Bilder 23 und 24). Um diese Übung sinnvoll zu deuten, stellen wir uns vor, ein starker Widersacher hält kraftvoll unsere Handgelenke fest und wir benutzen unseren Körper als Drehpunkt, um den Gegner zu bewegen.

Bild 22 – 24

3. Vorübungen für Shiho-Nage

Der Partner ergreift mit beiden Händen unsere Handgelenke. Wir spreizen unsere Hände (Bild 25). Anschließend machen wir, wie aus Bild 26 ersichtlich,

Bild 25 – 27

einen Schritt nach der gegnerischen rechten Seite und bewegen dabei unsere Hände schraubenförmig nach oben, dann folgt eine Körperdrehung um 180 Grad nach unserer rechten Seite (Bild 27). Wir führen unsere noch immer vom Partner festgehaltenen Handgelenke in Schulterhöhe und stoßen sie weiter in

Bild 28

Bild 29

unsere Blickrichtung und nach unten (Bild 28).
Diese Vorübung kann durch die Rückenwaage aufgelockert werden. Nach dem auf Bild 27 dargestellten Ansatz treten wir hinter den gegnerischen Rücken, heben unsere Arme nach oben, machen jetzt eine Kniebeuge und haben Kontakt mit dem gegnerischen Rücken; der Gegner wird aufgeladen und es entsteht die Rückenwaage, die wechselseitig geübt werden sollte (Bild 29).

Vorübungen für Kokyu-Nage

Der Partner erfasst mit seiner rechten Hand unser linkes Handgelenk (Bild 30). Wir drehen uns auf dem linken Fuß um 180 Grad, wobei wir gleichzeitig unseren ergriffenen Arm strecken, unser Handgelenk beugen, die Finger spreizen und an unsere Hüfte bringen, so dass diese Stelle als Drehpunkt wirkt (Bild 31 /32).

Bild 30 – 32

Der Gegner wird durch diese Bewegung nach vorne aus dem Gleichgewicht gebracht. Wenn er durch eine Reflexbewegung unser Handgelenk zurückzieht, setzen wir unseren linken Fuß hinter seinen rechten Fuß und stoßen unseren vom Gegner ergriffenen Arm (der gestreckt bleibt) über den gegnerischen Hals in Richtung seiner linken Seite, wodurch der Gegner rückwärts fällt.

Aiki -Do -Techniken

Die Techniken des Aiki-Do sind in zwei Hauptgruppen aufgeteilt:

1. Würfe

2. Festhaltebewegungen

Die Würfe fordern vom Anfänger die sichere Beherrschung der Fallübungen, die wir bereits ausführlich beschrieben haben. Niemand darf im Training geworfen werden, der nicht sicher fallen kann.

Die Festhaltebewegungen werden im Anschluss an einen Wurf, bzw. nach einem In-die-Bodenlage-Gehen, angesetzt.
Alle Bewegungen des Aiki-Do sind Kreisbewegungen und können in positiver (irimi) sowie in negativer (tenkan) Form ausgeführt werden (siehe Seite 30). Unsere Aiki-Do-Fibel basiert auf acht Angriffsformen, die wir den Prüfungsbestimmungen der Association Culturelle Européenne d'Aiki-Do entnommen haben.

1. Angriffsform:	Handgelenk diagonal fassen	(Katate-tori)
2. Angriffsform:	Handgelenk seitlich fassen	(Katate-tori)
3. Angriffsform:	Schulter fassen	(Kata-tori)
4. Angriffsform:	Rockaufschläge fassen	(Mune-tori)
5. Angriffsform:	Schlag von oben	(Shomen-uchi)
6. Angriffsform:	Schräger Schlag von vorn	(Yokomen-uchi)
7. Angriffsform:	Stoß von vorn	(Shomen-tsuki)
8. Angriffsform:	Nacken fassen	(Ushiro-eri-tori)

Für diese acht Angriffsformen werden einige Grundtechniken des Aiki-Do in der Fibel beschrieben, die gegeneinander ausgetauscht werden können, z. B. 1. Angriffsform (Fassen des rechten Handgelenkes durch die gegnerische rechte Hand) kann ebenso mit Irimi-Nage (Eingangswurf) wie mit Kote-gaeshi (Handgelenk nach außen drehen) oder Ikkyo (langer Armhebel) abgewehrt werden.
Wenn wir die Angriffsformen der Aiki-Do-Fibel mit den beschriebenen Techniken kombinieren, kommen wir bei nur acht Angriffsformen und acht Grundtechniken auf ca. 60 Bewegungen. Die Endphase aller Aiki-Do-Bewegungen sollte immer die Bauchlage des Gegners sein. In dieser Lage hat der Angreifer keine Angriffsmöglichkeiten mehr. Läge der Gegner jedoch auf dem Rücken, könnte er noch mit der freien Hand und beiden Füßen den Verteidiger angreifen.

Shiho-Nage (Vierseiten-Wurf)

gegen

1. Angriffsform Der Angreifer erlasst mit seiner rechten Hand unser rechtes Handgelenk.

Sobald der Gegner unser Handgelenk ergriffen hat, fassen wir das gegnerische Handgelenk mit unserer rechten Hand (Bild 33) und legen unsere linke Hand auf den gegnerischen Handrücken. Unter Beibehaltung dieser Fassart führen wir den Arm des Angreifers, ohne Zeit zu verlieren, schraubenförmig nach rechts oben (der gegnerische Handrücken zeigt dabei nach unten), gleichzeitig wird unser rechter Fuß ein wenig nach rechts vorwärts gesetzt. Beide Arme (der gegnerische rechte und unser linker Arm) liegen dabei fast parallel und dicht beieinander (Bild 34). Darauf setzen wir unseren linken Fuß links vor

Bild 33 – 36

den Gegner und drehen uns, indem wir leicht in die Knie gehen, um 180 Grad nach rechts. Wir behalten Kontakt mit der gegnerischen Schulter und werfen den Angreifer durch den angesetzten Shiho-Nage-Ansatz (Bilder 35/36). Um eine flüssige Ausführung der Technik im Training zu gewährleisten, gehen wir, der Wurfbewegung folgend, auf der Matte in Richtung des gegnerischen Rückens weiter und lassen den Übungspartner durch eine Rückwärtsrolle wieder in den Stand kommen.
Im Ernstfall wird die Rückwärtsrolle durch Seitwärtsziehen des gegnerischen Handgelenkes verhindert. Es entsteht ein Hebel.

Tenchi-Nage (Himmel- und Erdewurf)

gegen

2. Angriffsform Der Gegner hat mit seiner rechten Hand unser linkes Handgelenk gefasst.

Sobald der Angreifer unser linkes Handgelenk erfasst hat, drehen wir dieses

Bild 37 – 39

nach außen und führen die rechte Hand des Gegners, verbunden mit einem Schritt mit dem linken Fuß nach links vorn, zur Seite. Der Angreifer kommt durch diesen überraschenden Schritt aus dem Gleichgewicht (Bilder 37/38). (Wenn es möglich ist, ergreifen wir nach der kreisförmigen linken Handbewegung mit unserer Linken das gegnerische rechte Handgelenk.) Wir bewegen uns ohne Unterbrechung ständig nach links vorn und legen dabei unseren rechten Arm kreisförmig, von der gegnerischen Schulter beginnend, um den Hals des Gegners, wobei unsere Finger gestreckt sind.
Wir machen dabei eine Handbewegung, als wollten wir die Finger der rechten Hand in den Boden stoßen.
Ohne Unterbrechung unserer Schrittbewegung gehen wir fortlaufend nach links vorn, führen die gegnerische rechte Hand seitlich und verstärken den Druck unseres rechten Armes gegen den Hals des Gegners.
Der Gegner fällt durch diese Laufbewegung sowie durch Zug und Druck unserer Arme zu Boden (Bild 39).

Kote-mawashi (nikyo) (Handgelenk nach innen drehen)

gegen

3. Angriffsform Der Angreifer fasst mit seiner rechten Hand unsere linke Schulter.

In dem Moment des Ergreifens unserer Schulter setzen wir unseren linken Fuß einen Schritt zurück und täuschen gleichzeitig den Gegner durch angedeutetes Schlagen in sein Gesicht mit unserer rechten Hand. Nach diesem Schlag umschließen wir das an unserer linken Schulter befindliche Handgelenk des Gegners mit unserer rechten Hand und pressen es fest gegen unsere Schulter (Bilder 40/41).
Dann gehen wir in die Ausgangsstellung zurück, d. h., wir setzen unseren linken Fuß einen Schritt vor (Bild 42); durch diese Bewegung entsteht am gegnerischen Handgelenk der Nikyo-Ansatz.
Dieser Ansatz muss stets exakt ausgeführt werden:
Unsere rechte Hand umschlingt zu diesem Zweck das gegnerische Handgelenk mit Zeige- und Ringfinger, während der Daumen genau gegenüber auf der Handgelenkrückseite liegt. Anschließend ergreift unsere linke Hand den gegnerischen Unterarm, den wir stark nach links unten ziehen. Während dieser Zeit wird das gegnerische Handgelenk gegen unsere Schulter gepresst (Bild 43). Der Gegner wird durch diesen Ansatz in die Bodenlage gezwungen. Während nunmehr unsere linke Hand das gegnerische Handgelenk festhält, legen wir unsere rechte Hand auf die gegnerische Ellbogenbeuge (Bild 44), drehen diese über den gegnerischen Ellbogen nach rechts und ziehen den er-

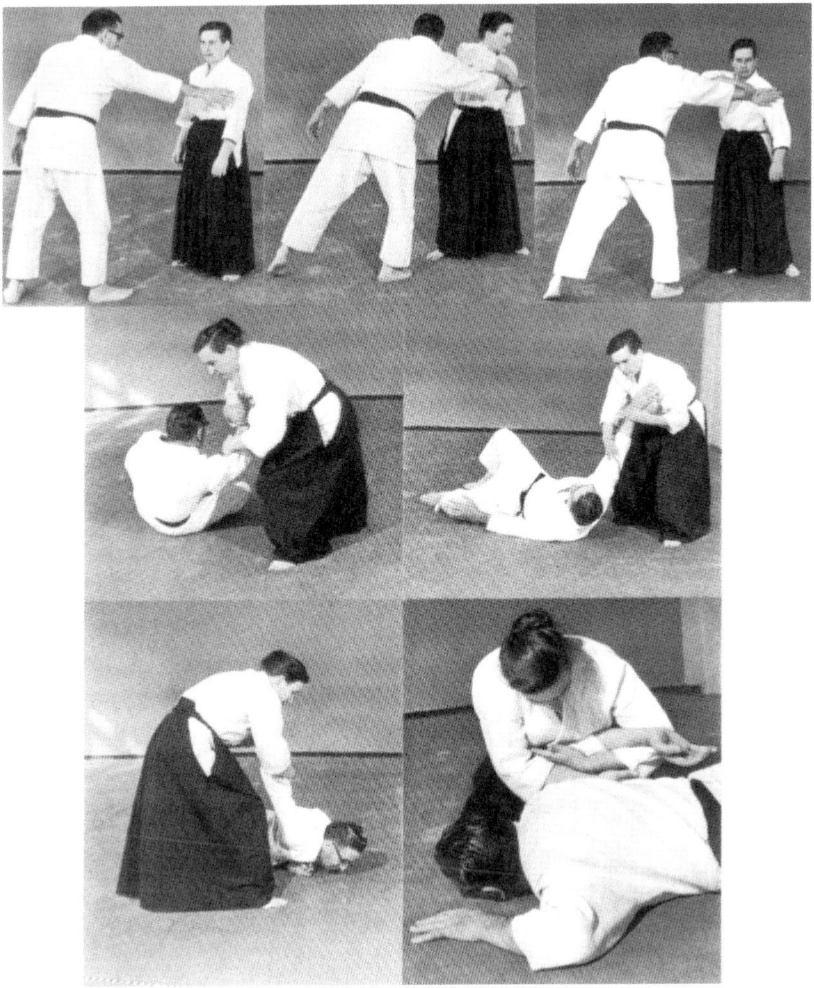

Bild 40 – 46

griffenen Arm nach links. Gleichzeitig machen wir um den gegnerischen Kopf herum einen kreisbogenförmigen Schritt - ohne den Zug am gegnerischen Arm zu unterbrechen - nach der anderen Seite (Bild 45). Durch diese Bewegung wird der Angreifer in die Bauchlage gedreht, und wir setzen einen Armhebel an: Aus unserer Knielage legen wir unseren linken Unterarm parallel zum gegnerischen rechten Unterarm, drücken beide gegen unseren Körper und drehen uns in dieser Stellung aus der Hüfte heraus nach unserer rechten Seite (Bild 46).

Kokyu-Nage (Atmungswurf)

gegen

4. Angriffsform Der Angreifer hat mit seiner rechten Hand unsere Rockaufschläge gefasst; sein Arm ist gebeugt; er zieht uns nach vorn (Bild 47).

Wir schieben unsere rechte Hand unter die Achsel des Gegners. Die Hand gleitet – ohne den gegnerischen Arm oder die Jacke zu ergreifen – am gegnerischen Oberarm herunter und führt dessen Ellbogen in einer kreisförmigen

Bild 47 – 52

Anmerkung: Beim Kokyu-Nage wurden die Fußsteilungen beider Gegner aufgezeichnet, um den sehr wichtigen Ansatz für das Rückwärtsziehen und -drücken des Angreifers zu erläutern.

Angreifer:  Ausführender:  Richtung der Fußbewegung: 

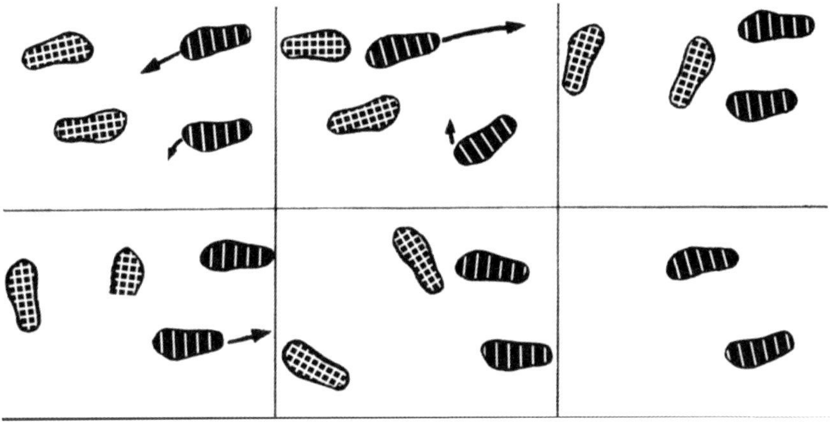

Bewegung rund und seitlich weiter. Diese kontinuierliche Bewegung wird durch einen damit gleichzeitig ausgeführten Rechts-seitwärts-Schritt unterstützt (Bilder 48/49). Der Gegner kommt durch diese Bewegung aus dem Gleichgewicht (Bild 50). Wir fassen die gegnerische linke Schulter mit unserer linken Hand (Bild 51).
Wir halten den Angreifer in dieser Stellung, bewegen uns laufend rückwärts und bringen den Gegner durch verstärkten Druck und Zug unserer Hände zu Fall (Bild 52).

Kombination: Nachdem wir eine Stellung wie in Bild 50 erreicht haben, können wir den Gegner auch durch einen Kopfdrehgriff werfen:
Wir erfassen mit der linken Hand das Kinn des Angreifers und drehen es, indem wir unseren Körper nach links drehen, wobei wir gleichzeitig mit der rechten Hand die gegnerische Schulter erfassen und rückwärts gehen.

Kaiten-Nage **(Kreiswurf)**

gegen

5. Angriffsform Der Gegner versucht, uns mit einem Schlag von oben anzugreifen.

Durch einen großen Links-rückwärts-Schritt lassen wir den gegnerischen Schlag leerlaufen, wobei wir den Schlagarm des Angreifers mit unserer rechten Hand in einer Kreisbewegung nach unten und seitlich am Gegner vorbei wieder rückwärts führen (Bilder 53 und 54). Anschließend greift unsere rechte Hand (Daumen nach oben) das gegnerische Handgelenk (Bild 55). Dieses wird durch Drehen unter Spannung gehalten und der Gegner nach vorn gestoßen. Diese gegnerische Armhaltung beizubehalten, bzw. herbeizuführen, ist der wichtigste Teil zum Ansatz des Kaiten-Nage.

Während nun unsere linke Hand den gegnerischen Nacken erfasst hat (Daumen

Bild 53 – 57

nach unten) - der Nacken wird bis zum Wurfende festgehalten –, schieben wir den gestreckten linken Arm des Angreifers (die gegnerische Handfläche zeigt nach oben) in Richtung der rechten Schulter des Angreifers (Bild 56). Der Wurf wird durch unsere Vorwärtsschritte ausgelöst, und je nach unserer Armbewegung am linken gegnerischen Arm können wir den Widersacher nach vorn abrollen lassen, bzw. im Ernstfall seitlich abwerfen (Bild 57).
Für das Gelingen des Kaiten-Nage ist es notwendig, dass alle Bewegungen gleichmäßig schnell ausgeführt und nicht unterbrochen werden.

Irimi-Nage (Eingangswurf)

gegen

6. Angriffstorm Der Gegner greift uns mit einem schrägen Schlag von vorn an. Sobald wir den gegnerischen Schlagansatz erkennen, bewegen wir uns mit unserem linken Fuß nach der gegnerischen rechten Seite, wobei wir uns in

Bild 58 – 62

Anmerkung: Folgendes Diagramm verdeutlicht die Fußbewegungen beim Irimi-Nage.

einem Viertelkreis nach rechts drehen. Gleichzeitig führen wir den gegnerischen Schlagarm mit unserer rechten Hand kreisförmig zur Seite. Diese synchron auszuführenden Abwehrmaßnahmen werden durch pendelartige Bewegungen unserer linken Hand unterstützt, die den gegnerischen Hals von hinten fasst, herunterdrückt und diesen bis zum Wurfende festhält (Bilder 58 bis 60).
Nach diesem Halsdruck unserer linken Hand und dem kreisförmigen Weiterführen des gegnerischen rechten Armes wird der Angreifer Widerstand leisten, den wir im Sinne eines Pendels zum Irimi-Nage-Ansatz ausnutzen.
Unser rechter Arm wird eingewinkelt um den gegnerischen Kopf gelegt, wobei unsere rechte Hand gespreizt ist. Wir führen unseren rechten Unterarm an der gegnerischen Gesichtshälfte, vom Kinn bis zur Schläfe zeigend, entlang, das gegnerische Gesicht wird „eingerahmt" (Bild 61).
Unser rechter Unterarm bewegt sich kreisförmig nach links und löst mit dem Druck unserer linken Hand und schrittweisen Vorwärtsbewegungen den Wurf aus (Bild 62).

Kote-gaeshi (Handgelenk nach außen drehen)

gegen

7. Angriffsform Der Gegner stößt mit seiner rechten Faust gegen unsere Brust.

Schulmäßig erwarten wir diesen Angriff in einer Linksstellung. Im Moment des Stoßes drehen wir uns blitzschnell um 180 Grad nach rechts, ergreifen mit unserer linken Hand das gegnerische Handgelenk mit Zeige-, Ringfinger und Daumen und bewegen uns noch weiter nach rechts, wobei wir den ergriffenen gegnerischen Arm in einem großen Kreisbogen nach unserer rechten Seite ziehen und weiterführen (Bilder 63/64). In dieser Stellung – wir halten das gegnerische rechte Handgelenk noch immer mit zwei Fingern und Daumen – drehen wir uns auf dem rechten Fuß um 180 Grad nach unserer linken Seite

Bild 63 – 66

Kote-gaeshi

und ziehen dabei das Handgelenk des Gegners mit unserer linken Hand seitwärts (Bild 65). In dieser Haltung legen wir unsere rechte Handfläche auf den Handrücken des Gegners und setzen unseren linken Fuß weit zurück. Mit dem auf Bild 66 gezeigten Kote-gaeshi-Ansatz werfen wir den Angreifer rückwärts, wobei wir die Körperdrehung nach unserer linken Seite fortsetzen.

Ude-osae (Ikkyo) (Armnagelung)

gegen

8. Angriffsform Der Angreifer ergreift mit seiner rechten Hand unseren Nacken.

Im Moment des Zufassens machen wir einen kleinen Schritt mit dem rechten Fuß nach vorn rechts und neigen uns blitzschnell nach vorn (Bild 67), wobei wir anschließend einen großen Schritt mit dem linken Fuß nach links rückwärts machen (Bild 68), so dass wir seitlich zum Gegner stehen. Unser Widersacher kommt durch diese gleichförmigen Bewegungen nach vorn aus dem Gleichgewicht, wir richten uns wieder auf und führen dabei unseren Kopf an den

Bild 67 – 72

gegnerischen Arm, der durch diese Bewegung jetzt an unserer rechten Halsseite liegt. Wir erfassen mit unserer rechten Hand das gegnerische rechte Handgelenk, während sich die linke Hand etwas unterhalb des Ellbogens auf den Arm legt, diesen nach oben und dann vorwärts drückt (Bilder 69/70). Anschließend führen wir folgende Bewegungen gleichzeitig aus: Durch einen nicht zu unterbrechenden Zug unserer rechten Hand halten wir den gegnerischen Arm gestreckt. Durch Druck unserer linken Handfläche auf den Ellbogen (Bild 71) wird der Angreifer dadurch, dass wir auf die Knie gehen, zu Boden gebracht. Unsere Arme bleiben dabei gestreckt; die beiden Körper sollen sich nicht berühren, doch darf der Zwischenraum auch nicht zu weit sein. Die Schlussbewegung endet mit der Bauchlage des Gegners, der durch den anschließenden Armhebel hilflos ist und zur Aufgabe gezwungen werden kann.

Dazu wird aus der Knielage der gestreckte rechte Arm des Gegners in der aus Bild 72 ersichtlichen Stellung mit der linken Hand gegen die Matte gedrückt und gleichzeitig mit der rechten Hand das gegnerische Handgelenk nach oben geschoben.

Beim Ude-Osae (Ikkyo) werden also drei Bewegungen gleichzeitig ausgeführt: a) Druck, b) Zug und c) halbseitlich die gegnerische Kraft weiterführen. Die Armhaltung beim Ude-Osae (Ikkyo) ist sehr wichtig: Unsere Arme sind gestreckt; wir nehmen die Haltung eines Gärtners ein, der einen Spaten in einen harten Boden stößt.

Irimi (positiv) und Tenkan (negativ)

In der Einleitung begegneten uns bereits die beiden Begriffe „Irimi" und „Tenkan", die zwei sich ergänzende Ausführungsformen bezeichnen. Am Beispiel der Abwehr der 8. Angriffsform (siehe Seite 29) lässt sich der Unterschied zwischen den beiden Prinzipien am besten verdeutlichen..

Die Angriffsformen 1 bis 8 unserer Aiki-Do-Fibel beschrieben die positive Ausführung (Irimi): Der Verteidiger hat durch einen rechtzeitigen Aiki-Do-Ansatz seine Abwehrbewegungen ausführen können. Dem Angreifer wurden unsere Vorwärtsbewegungen aufgezwungen.

Wird nun während unserer Abwehrbewegungen die plötzlich aufgebotene gegnerische Widerstandskraft so groß, dass unsere Abwehrbewegungen unterbrochen werden könnten, gehen wir aus unserer anfänglich geplanten Schrägstellung heraus und machen auf dem linken Fuß eine Dreivierteldrehung nach rückwärts, ohne die bereits beschriebenen Bewegungen zu unterbrechen.

Aufbau einer Aiki-Do-Übungsstunde

Ein Beispiel für einstündiges Training

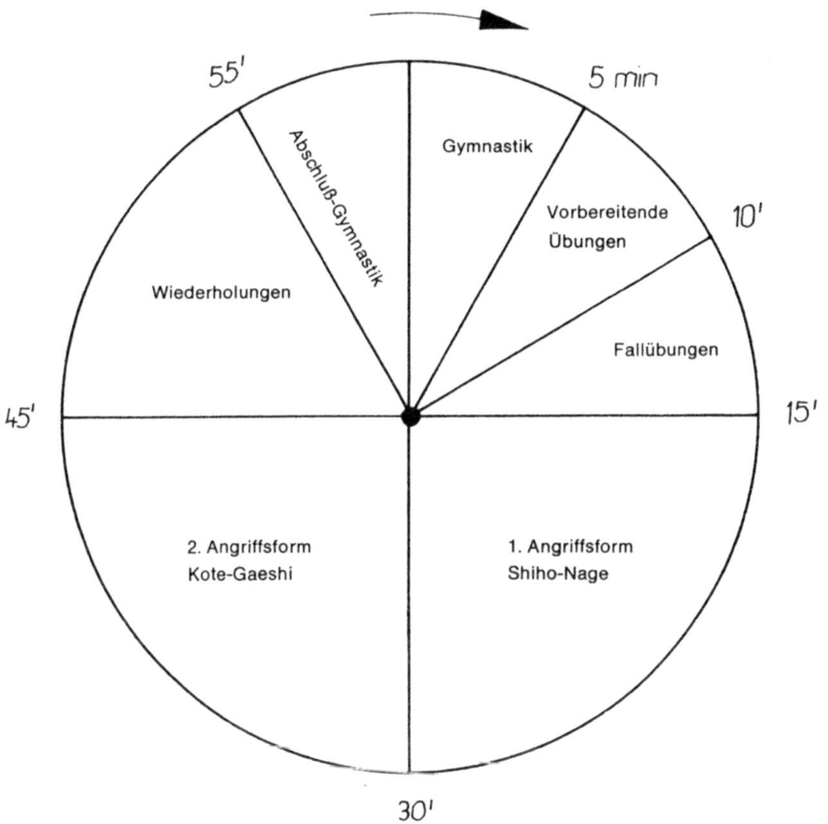

Fachworterläuterungen

Aiki-Do	Der Lebensweg in Koordination mit der „Ki“-Kraft
Dan	Stufe, Grad (Träger des schwarzen Gürtels)
Dojo	Übungsraum
Hakama	schwarze, rockähnliche Kleidung
Judo-ka	Judokämpfer
Ikkyo	erste Lektion
Irimi	eintreten, Eingang (positive Ausführung)
Kaiten	rollen
Kata	Form/Schulter
Katate	ein Arm, eine Hand
Kendo	Japanische Fechtkunst
Kime-no-kata	Übungsform für Angriff und Verteidigung (Judo)
Kokyu-ho	Atmungsübung
Kokyu-nage	Atmungswurf
Kote-gaeshi	Handgelenk nach außen drehen
Kote-mawashi	Handgelenk nach innen drehen
Mune-tori	Angriff gegen die Brust (Rockaufschläge fassen)
Nage	Wurf
Nikyo	zweite Lektion
Randori	Übungskampf, freies Training
Sabaki	Bewegung, ausweichen, nachgeben
Samurai	Japanischer Ritter
Shiho	vier Seiten
Shomen-uchi	Schlag ins Gesicht
Shomen tsuki	Stoß ins Gesicht
Tenchi	Himmel und Erde
Tenkan	drehen (negative Ausführung)
Tori	nehmen, erfassen, Angreifer
Ude-osae	Armhebel
Ushiro-eri	Kragen am Genick
Yokomen-uchi	seitlicher Schlag ins Gesicht (Backpfeife)

Anwendung der Grundtechniken (siehe Seite 18)

	Shiho-nage	Tenchi-nage	Kote-mawashi	Kokyu-nage	Kaiten-nage	Irimi-nage	Kote-gaeshi	Ude-osae
Katate-tori Handgelenk diagonal fassen	x	x	x	x	x	x	x	x
Katate-tori Handgelenk seitlich fassen	x	x	x	x	x	x	x	x
Kata-tori Schulter fassen	x	x	x	x		x	x	x
Mune-tori Rockaufschläge fassen	x	x	x	x			x	x
Shomen-uchi Schlag von oben	x		x	x	x	x	x	x
Yokomen-uchi Schräger Schlag von vorn	x	x	x	x	x	x	x	x
Shomen-tsuki Stoß von vorn	x		x	x	x	x	x	x
Ushiro-eri-tori Nacken fassen	x	x	x	x		x	x	x

020 2 **Das Judo-Brevier**
Der bewährte Leitfaden für Technik und Prüfung, 114 Abb.

000 8 **1 x 1 des Judo**
Die Grundlagen wirksamen Judotrainings, 101 Abb.

001 6 **Die Judo-Wurftechnik**
Die exakte Beschreibung aller wichtigen Würfe, 209 Abb.

002 4 **Die Judo-Bodentechnik**
Das Fachbuch für Halte-, Hebel- und Würgetechniken, 165 Abb.

003 2 **Kombinationen und Kontertechnik**
Erfolgreiche Techniken für Kampf und Prüfung, 110 Abb.

011 3 **Kinder-Judo**
Das fröhliche Lehrbuch für kleine Judoka, 72 Abb.

005 9 **Nage-no-Kata**
Die 15 Grundwürfe des Judo, 96 Abb.

006 7 **Katame-no-Kata**
Die 15 grundlegenden Bodentechniken, 70 Abb.

007 5 **Kime-no-Kata**
Die klassische japanische Selbstverteidigung, 140 Abb.

008 3 **Gonosen-no-Kata**
Die dynamischen Gegenwürfe des Judo, 58 Abb.

009 1 **Itsutsu-no-Kata**
Die Darstellung 5 traditioneller Judo-Elemente, 32 Abb.

010 5 **Ju-no-Kata**
Demonstration des „Siegens durch Nachgeben", 152 Abb.

012 1 **Goshin-Jitsu-no-Kata**
Die moderne japanische Selbstverteidigung, 118 Abb.

013 7 **Koshiki-no-Kata**
Die ritterliche Verteidigungstechnik, 154 Abb.

---

026 1 **Kraft-Training**
Ratschläge für Fitness + Leistungssport, 165 Abb.

021 0 **Karate ... mit bloßen Händen**
Die Grundlagen wirksamer Kampftechnik, 141 Abb.

044 1 **Das Kampfsport-Lexikon**
Die Kampfkünste der Welt von A-Z, 51 Abb.

023 7 **Boxen ... Fechten mit der Faust**
Das bewährte Lehrbuch über den Faustkampf, 80 Abb.

059 8 **Das Taekwondo Brevier**
Der Leitfaden für Technik und Prüfung, 225 Abb.

028 8 **Taekwondo**
Kompaktlehrgang der koreanischen Kampfkunst, 104 Abb.

049 0 **Die 12 Taekwondo-Hyongs**
Präzisionsübungen für Fortgeschrittene, 436 Abb.

071 7 **Ein-Schritt-Kampf (Ilbo-Taeryon)**
Ausweichen • Abwehren • Kontern, 213 Abb.

076 8 **Allkampf-Jitsu**
Die vielseitige Selbstverteidigung, 235 Abb.

055 5 **Shuriken**
Sicherer Umgang mit Wurfsternen, 103 Abb.

029 6 **Ringen**
Freistiltechnik für Anfänger + Fortgeschrittene, 105 Abb.

024 5 **Sambo**
Der kraftvolle russische Kampfsport, 217 Abb.

022 9 **Aikido-Fibel**
Die Grundlagen des Aikido, 72 Abb.

045 8 **Das Aikido-Brevier**
Leitfaden für Technik und Prüfung, 140 Abb.

069 5 **Bokken**
Das Holzschwert der Samurai, 149 Abb.

041 5 **Die Kunst des Florettfechtens**
Das Fechtbuch für Anfänger + Fortgeschrittene, 266 Abb.

050 4 **Lehrbuch des Bogensports**
Vom ersten Schuß bis zur perfekten Technik, 132 Abb.

036 9 **Kyudo**
Die Kunst des japanischen Bogenschießens, 231 Abb.

053 9 **Armbrustschießen**
Das Standardwerk für Sport & Hobby, 95 Abb.

039 3 **Sport für Anfänger**
Strategien für etwas mehr Bewegung, 60 Abb.

075 5 **Tai Chi Chuan**
Fitness für Körper & Seele, 619 Abb.

095 4 **Qigong**
Atem • Bewegung • Entspannung, 197 Abb.

038 5 **Gymnastik**
Zweckmäßige Körperschule, die Spaß macht, 221 Abb.

047 4 **Fußball-Lehrbuch**
Mit vielen Spielübungen für die Praxis, 246 Abb.

056 3 **Sportliches Messerwerfen**
Über den sicheren Umgang mit Wurfmessern, 48 Abb.

063 6 **Arnis • Escrima • Kali**
Das Lehrbuch für den Stockkampf, mit 198 Abb.

067 9 **PencakSilat**
Die alte indonesische Kampfkunst, 399 Abb.

065 2 **Tauch-Theorie**
Das Komplettwissen für den Tauchsport, 139 Abb.

070 9 **Das Wassersport Lexikon**
Die ganze Welt des Wassersports, 172 Abb.

079 2 **Tonfa**
... vom Kobudo zur modernen Waffe, 220 Abb.

091 1 **Schwertkampf**
vom Mittelalter zur Moderne, 238 Abb.

093 8 **Savate**
Französisches Boxen • Selbstverteidigung • Stockkampf, 406 Abb.

030 4 **Das Ju-Jutsu Brevier**
Der Leitfaden für Selbstverteidigungssportler, 94 Abb.

004 0 **Selbstverteidigung**
Wirksame Verteidigungstechnik für den Ernstfall, 260 Abb.

074 1 **Krav Maga**
Abwehr bewaffneter Angriffe, 522 Abb.

031 8 **Chronik alter Kamptkünste**
Kampftechniken aus 3 Jahrhunderten, 369 Stiche

051 2 **Thai-Boxen**
Der dynamische asiatische Vollkontaktsport, 215 Abb.

073 3 **Kick Boxen**
Fitness • Kampfsport • Selbstverteidigung, 255 Abb.

027 4 **Die 12 Karate-Kata**
Die wichtigsten Shotokan- und Wado-Ryu-Kata, 491 Abb.

033 4 **Sai**
Die Verteidigungstechnik mit der Waffe, 114 Abb.

072 5 **BO**
Kampf mit dem Langstock, 366 Abb.

032 6 **Kung-Fu**
Die Technik des chinesischen Boxens, 144 Abb.

040 7 **Sumo**
Der gewichtige japanische Ringkampf, 49 Abb.

042 3 **Spiele für Sport + Freizeit**
Ideen für alle, die gerne Spiele machen, 82 Abb.

035 0 **Iai-Do**
Blitzschnell die Waffe ziehen und treffen, 192 Abb.

025 3 **Das ist Kendo**
Eine Einführung in das japanische Fechten, 98 Abb.

037 7 **Kendo**
Lehrbuch des japanischen Schwertkampfes, 700 Abb.

068 7 **Capoeira**
Kampfkunst und Tanz aus Brasilien, 243 Abb.

034 2 **Yoga**
Die Kunst der Entspannung und Gelassenheit, 368 Abb.

061 x **SNOOKER**
Billard „made in England", 106 Abb.

048 2 **DARTS**
Konzentration + Präzision im Pfeilwurfspiel, 71 Abb.

052 0 **60 Spiele auf dem London-Board**
Die umfangreiche Spielesammlung für Darter, 22 Abb.

064 4 **Electronic Dart**
Das sportliche Spielvergnügen, 31 Abb.

078 4 **Boule - Petanque**
Die Faszination der Eisenkugeln, 36 Abb.

054 7 **American Football**
Vom Kick-off zum Touchdown, 123 Abb.

057 1 **Baseball**
Vom Hit zum Homerun, 82 Abb.

060 1 **Rugby**
Kampf in Gasse und Gedränge, 90 Abb.

077 6 **Beachsport**
Sand • Fun • Action, 60 Abb.

062 8 **Das Ballsport Lexikon**
Die Ball- und Kugelspiele der Welt, 225 Abb.

066 0 **Das Wintersport Lexikon**
Sport & Spiel auf Eis und Schnee, 118 Abb.

090 3 **Wing Chun**
Für Anfänger und Fortgeschrittene, 186 Abb.

092 2 **Brazilian Jujitsu**
Die überlegene Kampfkunst, 234 Abb.

094 6 **Hap Ki Do**
Die koreanische Selbstverteidigung, 552 Abb.

---

081 4 **Der lachende Tennisball**
Humorvolle, aber treffende Tennisratschläge, 69 Cartoons

080 6 **Der lachende Ski**
Heiteres über den Skisport und seine Freuden, 52 Cartoons

083 0 **Die lachende Nixe**
Das Schmunzelbuch für alle Wassersportler, 64 Cartoons

082 2 **Das lachende Pferd**
Für Reiter und Pferdefreunde zum Wiehern, 57 Cartoons

084 9 **Der lachende Fußballer**
Viel Spaß um's runde Leder, 56 Cartoons

085 7 **Das lachende Fahrrad**
Schwungvolles über den Radsport, 49 Cartoons

Ausführliche Informationen finden Sie auch im Internet: **www.weinmann-verlag.de**

Wir senden Ihnen gern unser ausführliches bebildertes Verlagsverzeichnis!
Schreiben Sie uns oder rufen Sie an:

VERLAG WEINMANN

Beckerstraße 7 • 12157 Berlin • Tel. 030 / 855 48 95 • Fax 030 / 855 94 64